AF383873

Université de France.

ACADÉMIE DE STRASBOURG.

ACTE PUBLIC
POUR LA LICENCE,

PRÉSENTÉ

A LA FACULTÉ DE DROIT DE STRASBOURG,

ET SOUTENU PUBLIQUEMENT

LE MERCREDI 27 AOUT 1845, A MIDI,

PAR

JOSEPH-ALEXANDRE GAGNEUR,

DE DOLE (JURA),

Surnuméraire de l'Enregistrement et des Domaines à Saint-Dié (Vosges).

STRASBOURG,

IMPRIMERIE DE L. F. LE ROUX, RUE DES HALLEBARDES, 39.

1845.

A LA MÉMOIRE DE MON PÈRE.

A mon Oncle paternel,

RECEVEUR DES DOMAINES.

J. A. GAGNEUR.

A MA MÈRE.

A mon Oncle maternel.

J. A. GAGNEUR.

FACULTÉ DE DROIT DE STRASBOURG.

PROFESSEURS.

MM. Rauter, doyen . . . . . Procédure civile et Législation criminelle.
Bloechel . . . . Droit civil français.
Hepp . . . . Droit des gens.
Heimburger . . . . Droit romain.
Thieriet . . . . Droit commercial.
Aubry . . . . Droit civil français.
Schutzenberger . . . . . Droit administratif.
Rau. . . . . Droit civil français.

PROFESSEURS SUPPLÉANTS.

MM. Eschbach, professeur suppléant.
Lafon, professeur suppléant provisoire.

M. Pothier, secrétaire, agent comptable.

EXAMINATEURS DE LA THÈSE.

MM. Schutzenberger, président de la thèse.
Bloechel.
Eschbach.
Lafon.

DROIT CIVIL FRANÇAIS.

DE L'ACCEPTATION ET DE LA RÉPUDIATION DES SUCCESSIONS.

(Articles 774 à 792.)

NOTIONS PRÉLIMINAIRES.

Les successions s'ouvrent par la mort naturelle et par la mort civile (art. 718). Elles se transmettent ou par la volonté de l'homme, ou par la loi elle-même, qui a pris soin de déterminer l'ordre dans lequel doivent venir à l'hérédité ceux qu'elle y appelle, quand le défunt n'a pas disposé de ses biens. Dans le premier cas, la succession est dite *testamentaire,* dans le second, *légitime* ou *ab intestat.*

Les successions légitimes sont *régulières,* quand la loi confère à ceux qui les recueillent la qualité d'héritiers : tels sont les descendants, les ascendants, et les collatéraux jusqu'au douzième degré inclusivement. Elles sont *irrégulières,* quand elles échoient à des personnes auxquelles cette qualité d'héritiers est refusée par la loi : ce sont les enfants naturels, l'époux survivant et l'état ou le fisc.

Cette division des héritiers en deux ordres n'est pas oiseuse. Les derniers ne sont que successeurs aux biens ; la saisine légale leur est refusée, et ils doivent se faire envoyer en possession de l'hérédité, suivant les formalités qui leur sont imposées (art. 769 et 770). Les héritiers réguliers, au contraire, sont saisis de plein droit, même à leur insu, dès l'instant de la mort de leur auteur. Ils en continuent la personne juridique, en possèdent tous les droits, peuvent en intenter immédiatement toutes les actions (il faut en excepter pourtant les droits et les actions purement personnels); mais par contre ils sont tenus de toutes ses dettes, de toutes ses obligations.

La saisine légale est encore accordée aux légataires universels, quand, au décès du testateur, il n'existe pas d'héritiers auxquels une quotité de ses biens soit réservée par la loi (art. 1006). Ce que nous aurons à dire de l'acceptation et de la répudiation des successions, s'appliquera donc à ces derniers, de même qu'aux héritiers légitimes.

Comme il arrive souvent que les biens d'une succession sont insuffisants à en acquitter toutes les charges, rien n'était plus juste que de ne pas en imposer l'acceptation aux héritiers appelés ou institués. Le Droit coutumier avait déjà consacré la maxime : *N'est héritier qui ne veut;* le Code civil l'a formellement adoptée dans l'article 775 : *Nul n'est tenu d'accepter une succession qui lui est échue.* En conséquence tout héritier a le droit de répudier l'hérédité qui lui est déférée, de même qu'il peut l'accepter purement et simplement ou sous bénéfice d'inventaire.

Ce droit d'option ne se prescrit que par trente ans (art. 789). Et si l'héritier présomptif périt dans cet intervalle avant de s'être prononcé, ce droit passera à ses propres héritiers qui pourront, de son chef, accepter ou répudier cette succession. Seulement, s'il arrivait qu'ils ne fussent pas d'accord pour son acceptation ou sa répudiation, ou qu'il y eût parmi eux un mineur, ils devraient l'accepter sous bénéfice d'inventaire (art. 782). Nous pensons cependant que cette prescription de la loi, si contraire au principe émis par l'art. 775, pourrait facilement être éludée par l'héritier qui se refuserait à faire au greffe la déclaration de laquelle seule peut résulter une acceptation sous bénéfice d'inventaire. L'*injectio manus* n'est pas moins étrangère à nos Codes qu'elle est opposée à nos mœurs. Les cohéritiers de celui qui ne voudrait point obéir à la loi pourraient bien, en vertu de cet article 782, intenter contre lui une action en dommages-intérêts; ils ne pourraient le faire héritier bénéficiaire malgré lui.

A compter de l'ouverture de la succession, l'héritier a trois mois pour faire inventaire; il a de plus, pour délibérer sur son acceptation ou sa renonciation, un délai de quarante jours qui commence à courir du jour de l'expiration des trois mois donnés pour l'inventaire, ou du jour de sa clôture s'il a été terminé avant les trois mois (art. 795).

Pendant la durée de ces délais, il ne peut être contraint à prendre qualité, et il ne peut être obtenu de condamnation contre lui (art. 797). Après leur expiration, s'il est poursuivi, il peut demander et obtenir un nouveau delai (art. 798); ce nouveau délai écoulé, il jouit encore de la faculté de se porter héritier bénéficiaire (art. 800).

Si la succession n'a ni créanciers, ni légataires, il n'existe pour les héritiers subséquents nul moyen de contraindre l'héritier présomptif à se prononcer; mais, dans ce cas, on ne peut leur refuser le droit de prendre possession de l'hérédité ainsi délaissée. S'il ne se présentait personne pour la recueillir, l'État lui-même, en sa qualité d'héritier irrégulier, serait admis à la revendiquer, sans même qu'il lui fût besoin de prouver l'extinction de la famille du défunt (arg. art. 539).

Lorsque trente ans se sont écoulés depuis l'ouverture de la succession, le sort de l'héritier présomptif se trouve fixé : il a perdu la faculté d'accepter ou de répudier (art. 789). Si la succession a été appréhendée par des héritiers subséquents, fussent-ils même irréguliers, il est devenu complétement étranger à l'hérédité : il ne peut plus être admis à réclamer les biens dont elle se compose, de même que nul créancier d'icelle ne serait recevable à le poursuivre. Mais si la succession est demeurée vacante, les effets de la saisine n'ont point été anéantis; il demeure héritier pur et simple, car la renonciation ne se présume pas (art. 784). Et si, pendant un si long temps, il n'a pas manifesté son intention de repousser l'hérédité qui lui a été déférée, la loi a eu raison de considérer son silence comme une véritable acceptation tacite. Aussi doit-on penser (**MM.** Aubry et Rau, t. IV, p. 251) que, s'il n'eût pu connaître l'ouverture de la succession, il serait admis à se faire restituer contre le défaut d'acceptation ou de renonciation. D'ailleurs il se trouverait alors dans l'hypothèse prévue par l'article 800, et à ce titre, il aurait encore la faculté de faire inventaire et de se porter héritier bénéficiaire.

CHAPITRE I.

DE L'ACCEPTATION.

SECTION I.

De la définition de l'acceptation, de ses effets et de ses caractères.

L'acceptation est un acte par lequel celui qui est habile à se porter héritier d'une personne morte, soit naturellement, soit civilement, fait connaître qu'il entend exercer le droit héréditaire ouvert à son profit.

L'acceptation ne confère aucun droit nouveau ; elle ne fait que consolider sur la tête de l'héritier présomptif les effets de la saisine qui étaient restés suspendus jusque-là. Mais dès qu'il a manifesté l'intention de prendre la qualité d'héritier, il est censé posséder cette qualité du moment même de l'ouverture de la succession (art. 777). Il en est ainsi quand même il ne serait venu à l'hérédité que par la répudiation de successibles plus proches. C'est à partir du jour du décès qu'il a droit à tous fruits nés, à tous capitaux échus des biens de la succession ; toutes prescriptions ont pu commencer ou continuer à courir en sa faveur ou contre lui pendant l'intervalle qui s'est écoulé entre la mort de son auteur et son acceptation.

L'acceptation a pour caractères essentiels d'être universelle et indivisible. Elle ne peut être faite ni à terme, ni sous condition, ni pour partie des biens de la succession. En outre l'engagement pris par l'héritier acceptant est en règle générale irrévocable, et ce caractère d'irrévocabilité ne s'attache pas seulement aux actes d'adition faits par l'héritier présomptif, il doit être étendu à ceux mêmes qu'en cas d'inaction ou d'absence de celui-ci, feraient les héritiers éloignés de leur chef et en leur qualité de successibles. Ils ne pourraient être dégagés des effets de leur acceptation que lorsqu'un héritier plus proche se présenterait pour exercer son droit.

Le Code civil a admis deux exceptions à l'irrévocabilité de l'acceptation : «Le majeur, porte l'article 783, ne peut attaquer l'accepta- «tion expresse ou tacite qu'il a faite d'une succession que dans le cas «où cette acceptation aurait été la suite d'un dol pratiqué envers lui; «il ne peut jamais réclamer sous prétexte de lésion, excepté seule- «ment dans le cas où la succession se trouverait absorbée ou diminuée «de plus de la moitié par la découverte d'un testament inconnu au «moment de l'acceptation. »

Et d'abord remarquons que cet article ne parle pas du mineur, lequel, ne pouvant accepter que sous bénéfice d'inventaire et après des formalités protectrices, doit rarement avoir à se plaindre de dol. Nous pensons d'autant moins que l'on doive suppléer à ce silence de la loi, que l'héritier bénéficiaire est toujours libre de se décharger du paiement des dettes d'une succession en en abandonnant tous les biens aux créanciers et aux légataires (art. 802).

Le motif qui a fait admettre le dol comme cause de rescision de l'acceptation, est le principe qui fait regarder le consentement comme nécessaire pour contracter un engagement valable. La violence ne viciant pas moins le consentement que le dol, on est admis à conclure que la même faveur serait accordée à celui qui n'aurait accepté que par crainte d'exposer, en renonçant, sa personne ou sa fortune à un mal considérable et présent (arg. art. 1109, 1111 et 1112). Il ne serait même pas nécessaire que le dol eût été pratiqué ou la violence exercée par l'un des cohéritiers, légataires ou créanciers de la succession : l'adition d'hérédité n'est pas chez nous comme chez les Romains un quasi-contrat; mais ce serait, sans contredit, à l'héritier à prouver que l'un ou l'autre aurait été employé contre lui.

La faculté accordée au majeur de réclamer, sous prétexte de lésion, dans le cas où la succession se trouverait absorbée ou diminuée de plus de moitié par la découverte d'un testament inconnu au moment de l'acceptation, doit sans nul doute être restreinte au cas prévu par l'article 783. Il ne serait point permis de l'étendre, par similitude, à celui où des dettes ignorées d'abord viendraient à se révéler après l'acte d'adition. Il faut aussi, pour que la réclamation soit fondée, que le testament découvert fasse éprouver à l'héritier un dommage réel. S'il était nul; si l'institué, autre que l'héritier présomptif, répudiait la succession; si les légataires renonçaient à leurs legs; en un mot, si le testament laissait les choses en l'état où elles se trouvaient antérieurement, ou s'il n'occasionnait pas une lésion de plus de moitié, la demande en rescision ne serait pas recevable.

L'article 783 ne parle pas de l'hypothèse qui pourrait se présenter, où le testament non-seulement absorberait par des legs toute la succession, mais encore la rendrait onéreuse. Nul doute, *à fortiori*, que le droit de réclamer n'appartînt alors à l'héritier. Si les rédacteurs du Code civil n'ont rien dit de ce cas, c'est que sans doute il n'entrait pas dans leur pensée que l'héritier pût être tenu à l'acquittement des legs même *ultrà vires*. L'équité, l'induction tirée du principe *nemo liberalis nisi liberatus,* et l'article 1021 semblent autoriser cette supposition.

SECTION II.

Des conditions nécessaires à la validité de l'acceptation.

Pour que l'acceptation que l'on fait de la succession d'une personne soit valable, il faut premièrement que cette succession soit ouverte.

La succession d'une personne vivante ne peut être l'objet d'aucune stipulation (art. 1130). Cette prohibition a dû être dictée non moins par des considérations de bienséances sociales que pour prévenir d'inextricables difficultés et pour fermer toute voie à d'immorales spéculations. D'ailleurs une pareille acceptation serait sans objet existant au moment où elle serait faite, et personne n'aurait qualité pour la faire.

En second lieu, l'acceptation ne peut avoir lieu que par celui auquel l'hérédité est réellement déférée, et après qu'il en a connu l'ouverture. Celui qui accepterait une succession à laquelle il se croirait faussement appelé, ne se trouverait nullement engagé; son acceptation ne lui donnerait aucun droit sur les biens du défunt, elle ne l'obligerait à aucune charge, partant elle ne produirait aucun effet. Il en serait de même de l'acceptation qu'il aurait faite avant d'avoir pu connaître la mort de celui dont il se serait porté héritier. S'il parvenait à prouver son ignorance à cet égard au moment où il a fait acte d'adition, il ne serait tenu à rien; car une pareille acceptation n'indiquerait pas une intention sérieuse.

La validité de l'acceptation dépend encore de la capacité de la personne par laquelle elle se fait. Par cet acte, l'héritier s'obligeant sur ses propres biens à l'acquittement des dettes de la succession, il s'ensuit que ne peuvent accepter ceux que la loi déclare incapables de s'obliger, tels sont : les femmes mariées non autorisées, les mineurs et les interdits (art. 1124). Quant au mort civilement, aucune succession ne peut lui être déférée.

La femme mariée, quoique non commune ou séparée de biens, ne peut accepter une succession, même sous bénéfice d'inventaire, sans y être autorisée de son mari ou, à son refus, de justice (arg. art. 217 et 803). Si le mari est mineur, l'autorisation de justice est nécessaire.

Dans le cas où la femme refuserait d'accepter une succession qui lui serait échue, et que ni la justice ni son mari ne l'auraient autorisée à répudier, celui-ci aurait le droit de l'accepter sans le consentement de sa femme, pourvu qu'il y fût personnellement intéressé. Mais, dans ce cas, lui seul supporterait les résultats de son acceptation, si la succession était désavantageuse; la femme, dans l'hypothèse contraire, profiterait des bénéfices qu'il en retirerait.

L'acceptation d'une succession échue à un mineur non émancipé ou à un interdit se fait par le tuteur, d'après l'autorisation du conseil de famille, et ne peut avoir lieu que sous bénéfice d'inventaire (art. 461). Le mineur émancipé, bien qu'assisté de son curateur, ne peut également accepter que sous bénéfice d'inventaire et a besoin d'y être autorisé par une délibération du conseil de famille (arg. art. 484).

Celui qui est pourvu d'un conseil judiciaire pouvant, avec l'assistance de ce conseil, exercer tous les droits des personnes capables, il n'y a aucun motif pour lui interdire le droit de renoncer ou d'accepter soit purement et simplement, soit sous bénéfice d'inventaire.

SECTION III.

Des formes de l'acceptation.

§ 1.

De l'acceptation expresse.

Aux termes de l'article 778, il n'y a acceptation expresse que quand le successible a pris le titre ou la qualité d'héritier dans un acte authentique ou privé. Même il ne suffirait pas qu'il se fût donné simplement le titre d'héritier, s'il résultait du contenu de l'acte qu'il n'a entendu le prendre que dans le sens d'habile à se porter héritier. Cette confusion est fréquente dans le langage ordinaire, et les Codes même ont employé plusieurs fois le terme d'héritier sous cette acception, notamment à l'article 911 du Code de procédure civile.

Il ne suffirait pas non plus que le successible eût pris le titre ou la qualité d'héritier dans un écrit sans signification juridique, comme serait une simple lettre. Cependant une lettre où il serait traité des affaires de la succession, telle, par exemple, celle qui contiendrait des menaces de poursuites judiciaires à un débiteur en demeure, les auteurs la considèrent généralement comme étant un acte d'acceptation expresse.

Ils ne s'accordent pas également sur la question de savoir si le mandat conféré à l'effet d'accepter ou de faire un acte qui suppose nécessairement l'intention de se porter héritier, doit être considéré comme emportant par lui-même acceptation. Il nous semble que la distinction, admise par M. Chabot dans son commentaire sur l'article 778, est assez plausible. En donnant pouvoir d'accepter, l'héritier présomptif n'agit qu'en qualité de successible ; en donnant pouvoir de faire un acte qui emporte immixtion, son intention ne peut être douteuse : c'est comme héritier qu'il agit, il en prend la qualité, et il ne saurait être dégagé par l'inexécution de son mandat.

La même controverse se rencontre encore entre les commentateurs au sujet de la qualité qu'il faut reconnaître à l'individu condamné comme héritier pur et simple par un jugement passé en force de chose jugée. Le respect dû à la chose jugée et l'indivisibilité du caractère d'héritier nous inclinent à penser avec M. Toullier qu'il est pour tous héritier pur et simple. L'article 800 corrobore cette opinion. D'ailleurs l'héritier ne doit s'en prendre qu'à lui-même, s'il n'a pas fait ses diligences après avoir été mis en demeure de se prononcer. Du reste, il est bien entendu qu'il a dû être partie au jugement dont il est question, et que, si ce jugement n'a pas été rendu contradictoirement, il a dû lui être signifié.

L'acceptation verbale, usitée en Droit romain, est en Droit français nulle et de nul effet, fût-elle même avouée.

§ 2.

De l'acceptation tacite.

L'acceptation est tacite, quand l'héritier fait un acte qui suppose nécessairement son intention d'accepter, et qu'il n'aurait le droit de faire qu'en sa qualité d'héritier (art. 778). D'où résulte qu'il n'y a pas acceptation, si l'habile à succéder a fait un acte qu'il croyait pouvoir faire en une autre qualité qu'en celle d'héritier; d'où résulte encore qu'il n'y a pas acceptation, quand bien même l'acte fait par l'héritier n'aurait pu l'être qu'en cette qualité, s'il ne suppose pas d'ailleurs nécessairement son intention d'accepter.

L'acceptation d'une succession a des conséquences si graves que la loi a dû ne pas vouloir que pour un acte de nature douteuse, que sur une simple présomption qu'il a voulu accepter, l'héritier puisse être contraint à acquitter les charges d'une succession obérée. En conséquence, d'après l'esprit de cet article, toutes les fois qu'il y aura doute, le doute s'interprétera en faveur de l'héritier.

Parmi les actes qui réunissent ces deux conditions on doit ranger tous ceux par lesquels le successible disposerait en maître, en propriétaire, de biens qu'il saurait ou croirait dépendre de la succession. L'article 780 énumère aussi quelques actes que le successible ne pourrait faire sans être réputé acceptant : tels sont la donation, la vente ou le transport de ses droits successifs à une personne quelconque; la renonciation même gratuite qu'il ferait au profit d'un ou de plusieurs de ses cohéritiers, et la renonciation qu'il ferait même au profit de tous ses cohéritiers indistinctement, s'il recevait le prix de sa renonciation.

En faisant de pareils actes, le successible prétendrait inutilement qu'il n'a pas eu l'intention d'accepter; ses protestations, ses réserves seraient vaines contre la présomption légale qui s'attache à leur accomplissement. Mais nous penserions volontiers que cette intention n'est pas nécessairement exprimée par le fait d'un héritier présomptif et légataire à la fois à titre particulier du défunt, qui se mettrait en possession de l'objet légué; elle est encore moins clairement indiquée par l'acte que ferait le successible en se mettant en possession d'une chose certaine et déterminée qu'il aurait prêtée au défunt ou mise en dépôt chez lui. Dans l'un et l'autre de ces cas, le successible sans doute serait blâmable, il aurait agi inconsidérément, en s'exposant à être accusé de soustraction ou de larcin; mais il ne devrait pas être réputé héritier.

Si, au contraire, le successible se rendait réellement coupable de vol ou de recel, la loi prononce qu'il doit être considéré comme héritier pur et simple (art. 792). La seule omission d'objets de la succession, faite sciemment et de mauvaise foi dans l'inventaire que doit dresser l'héritier bénéficiaire, produit le même effet (art. 801). Mais c'est là une véritable punition que la loi a voulu infliger à sa fraude; elle ne s'est nullement occupée s'il a eu ou non l'intention d'accepter.

Nous rangerons encore parmi les actes qui emportent acceptation, les actes d'administration que le propriétaire seul a le droit de faire, tels sont : la passation de baux d'une durée de plus de neuf ans (arg. art. 481 et 1429), les réparations non urgentes et le paiement des dettes de la succession.

L'acquittement de toute espèce de dettes ne pourrait cependant être regardé comme entraînant toujours immixtion. L'héritier, en usant du bénéfice de la subrogation et en faisant ses réserves, pourrait payer sans danger toutes dettes de la succession (arg. art. 1250). Il est même des dettes peu importantes, urgentes ou à terme dont le paiement no suffirait pas pour prouver l'intention d'accepter. Mais, en effectuant ces paiements, le successible ne pourrait employer les deniers de la succession; s'il le faisait, il agirait comme héritier, car il disposerait de choses de l'hérédité.

Il est une classe d'actes que l'héritier peut faire en sa qualité d'habile à succéder et sans qu'on puisse en induire l'intention d'accepter;

ce sont les actes conservatoires de surveillance et d'administration provisoire, si l'on n'y a pris le titre ou la qualité d'héritier (art. 779). Parmi ces actes nous rangerons la vente, avec autorisation de justice et dans les formes voulues par l'article 796, d'objets susceptibles de dépérir ou dispendieux à conserver; le protêt, soit faute d'acceptation, soit faute de paiement d'une lettre de change; l'interruption de toutes prescriptions et la prise d'inscriptions hypothécaires.

L'acceptation ou la répudiation d'une succession que le successible ferait du chef de son auteur à qui elle serait échue et qui serait décédé sans l'avoir acceptée ni répudiée, ne saurait être regardée comme un acte d'administration. L'une ou l'autre emporterait nécessairement immixtion.

CHAPITRE II.

DE LA RENONCIATION.

La renonciation est l'acte par lequel le successible fait connaître qu'il refuse la qualité d'héritier.

La renonciation ne se présume jamais; elle ne peut résulter que d'une déclaration faite au greffe du tribunal de première instance dans l'arrondissement duquel la succession s'est ouverte, sur un registre particulier, tenu à cet effet (art. 784). Cette déclaration doit être signée au registre par le greffier et le renonçant ou son fondé de pouvoir. La procuration à l'effet de renoncer peut être sous seing privé, de même qu'authentique; mais elle doit être spéciale et, la déclaration faite, elle doit rester annexée au registre.

Par la renonciation l'héritier devient complétement étranger à la succession. Les effets de la saisine sont anéantis, le renonçant est censé n'avoir jamais été héritier (art. 785). Par suite, il peut réclamer les créances qu'il aurait contre la succession; il peut aussi retenir le don entre vifs ou réclamer le legs à lui fait jusqu'à concurrence de la portion disponible (art. 845). Sa part héréditaire accroît à ses cohéritiers, qui ne peuvent refuser cette part pour s'en tenir à celle à laquelle ils pouvaient primitivement prétendre; s'il est seul de son rang ou si tous ses cohéritiers renoncent, elle est dévolue au degré subséquent (art. 786). Le plus proche héritier après eux vient à l'hérédité de son chef; et, comme on ne peut représenter un héritier qui a renoncé, si la succession est déférée aux enfants des renonçants, le partage ne s'opère plus par souche, il se fait par tête (art. 787). Quand les héritiers appelés concurremment sont de différents degrés, la dévolution se fait en conformité des règles établies par les articles 731 et suivants.

De même que l'acceptation, la renonciation est indivisible; elle ne peut être faite ni à terme, ni sous condition, ni pour partie de l'hérédité. Elle ne serait non plus valable si elle avait été faite avant l'ouverture de la succession : la renonciation à la succession d'une personne vivante et l'aliénation des droits éventuels qu'on pourrait y avoir, sont formellement interdites par l'article 791. Mais rien ne s'oppose à ce que le successible du deuxième ou ultérieur degré renonce à une succession ouverte; car il y a un droit réel quoique subordonné à la renonciation des héritiers plus proches, et en abandonnant cette expectative il n'empiète sur les droits d'aucun d'eux.

La renonciation, bien que faite dans les formes déterminées par la loi, n'est pas irrévocable en règle générale. Elle le devient : 1° par l'acceptation faite par les héritiers d'un degré subséquent (art. 790); 2° par la mort du renonçant (arg. art. 781); 3° par la prescription résultant de trente années écoulées depuis l'ouverture de la succession (arg. art. 789).

Nous supposons dans ces trois cas que l'héritier qui renonce est seul de son rang. S'il avait été appelé concurremment avec d'autres cohéritiers dont un ou plusieurs auraient accepté, ceux-ci acquérant *illicò* en vertu du droit d'accroissement sa part héréditaire, il ne serait plus admis à revenir sur sa renonciation.

Le successible qui se porte héritier après sa renonciation, est tenu de prendre l'hérédité telle qu'elle se trouve, sans pouvoir attaquer les ventes ou autres actes légalement faits durant la vacance par le curateur ; il ne pourrait non plus priver les tiers des droits qu'ils auraient régulièrement acquis par la prescription (arg. art. 462 et 790). Même il ne serait pas reçu à demander la réduction des legs ou donations excédant la quotité disponible (MM. Aubry et Rau, t. IV, p. 286).

La renonciation d'une succession peut être attaquée par toute personne ayant intérêt à prouver que l'héritier, avant de renoncer, avait fait acte d'adition. Ce droit appartient aux créanciers non-seulement dans ce cas, mais encore dans celui où leur débiteur aurait fait une renonciation valable au préjudice de leurs droits (art. 788). Ils peuvent alors se faire autoriser en justice à accepter la succession en son lieu et place.

Pour que les créanciers du renonçant soient admis à faire valoir ce droit, il faut que le surplus des biens de leur débiteur soit insuffisant à les payer, et que leurs créances aient une date certaine antérieure à l'ouverture de la succession. Il est hors de doute aussi que les cohéritiers du renonçant pourraient les écarter en les désintéressant (Boileux, t. II, p. 95).

L'annulation de la renonciation n'ayant lieu qu'en faveur des créanciers et jusqu'à concurrence seulement du montant de leurs créances, il s'ensuit que, si la portion à laquelle aurait eu droit leur débiteur n'était pas absorbée par le paiement des dettes, l'excédant profiterait aux cohéritiers ou aux successibles plus éloignés qui auraient accepté. La rescision n'est pas faite au profit de l'héritier (art. 788). Si cependant il se trouvait dans le cas dont parle l'article 790 et que la succession fût restée vacante, rien ne s'opposerait à ce qu'il la reprît.

JUS ROMANUM.

DE ADEUNDA VEL REPUDIANDA HÆREDITATE.

Tres sunt apud Romanos hæredum ordines : aut necessarii dicuntur, aut sui et necessarii, aut extranei.

Necessarii sunt servi hæredes instituti, qui post mortem testatoris eventamve conditionem, protinùs liberi et hæredes fiunt, sive velint, sive nolint, etsi impuberes aut furiosi sint. Illis igitur opus est nulla voluntatis significatione ut hæredes maneant. Ipso jure bona eorum cum defuncti bonis confunduntur. Prætor tamen petentibus concedit patrimoniorum separationis beneficium, nisi attigerint bona patroni, vel res hæreditarias rapuerint. Tunc bona ab iis adquisita ipsis reservantur, et, si quid à testatore debetur, possunt persequi.

Sui et necessarii hæredes sunt liberi qui modò in potestate testatoris fuerint, et post hujus mortem sui juris facti fuerint. Haud secùs ac servus institutus hæredes inviti quidem manent. Eis autem dedit prætor beneficium abstinendi : impuberibus, etiamsi se immiscuerint; puberibus, si se non immiscuerint.

Cæteri qui testatoris juri non sunt subjecti, extranei hæredes appellantur, vel voluntarii. Ad eos propriè pertinet aditio et repudiatio hæreditatis.

§ 1.

De adeundâ hæreditate.

Extraneus hæres testamento institutus, aut ab intestato ad legitimam hæreditatem vocatus, potest aut pro hærede gerendo, aut etiam nudâ voluntate suscipiendæ hæreditatis hæres fieri.

Actus per quem expressè declarat hæres voluntatem suam ad hæreditatem eundi, propriè vocatur aditio. Vel re, vel verbis, vel quoquo modo hæc voluntas declarari potest.

Aditio in totum vitiatur per temporis vel conditionis adjectionem; totius hæreditatis, non partis esse debet.

Qui voluntatem exprimere non possunt, illis non permissa est aditio. Sic pupillus infans, sic major demens aut furiosus, per patrem, tutorem curatoremve adeunt hæreditatem. Pupillus major septem annis et prodigus interdictus hoc faciunt, iisdem adjuvantibus.

Pro hærede autem gerere quis videtur, si rebus hæreditariis tanquàm hæres utatur, aut vendendo res hæreditarias aut prædia colendo locandove. In gestione autem pro hærede animus maximè observandus est et non factum. Cæterùm, si quid pietatis vel custodiæ causâ fecerit; si quid quasi non hæres egerit, sed quasi alio jure dominus, apparet non videri pro hærede gerere.

Hæres sustinet personam defuncti; huic jàm tunc à morte successisse intelligitur, et omnia ejus jura habet, juribus exceptis personalibus. Defuncti verò obligationes et debita, sicut et bona, cum obligationibus et debitis hæredis confunduntur. Prætereà hæreditatis aditio est quasi contractus quo hæres cum legatariis et fideicommissariis contraxisse, seque ad legata et fideicommissa præstanda obligasse censetur.

Ut æs alienum et legata solvere non teneatur ultrà vires successionis, duo beneficia potest hæres petere : alterum, à prætore creatum, jus deliberandi; alterum, à Justiniano ex militibus ad omnes extensum, beneficium inventarii vocatur.

Jus deliberandi est spatium hæredi instituto concessum ad delibe-
randum utrum adire hæreditatem, an eamdem repudiare consultius
sit. Hoc spatium ad trigesimum annum extendi potest, si nemo urget.
Sin aliter urgetur hæres, à principe totum annum, à magistratu novem
menses obtinet. Post hoc tempus aut adire aut repudiare hæreditatem
cogitur.

Qui sciens hæreditatem vel ab intestato, vel ex testamento sibi esse
delatam, deliberatione minimè petitâ de adeundâ hæreditate vel non
adeundâ, intrà tempus annale tempus extendit. Sin autem instante
annali tempore decesserit, reliquum tempus pro adeundâ hæreditate
suis successoribus sine dubio reliquit. Intrà annale tempus non adita
hæreditas non transmittitur successoribus.

Beneficium inventarii est jus quo hæres, ritè confecto inventario,
post aditam hæreditatem, ultrà vires hæreditatis non tenetur. Inven-
tarium intrà trigenta dies à momento notitiæ incipiendum, et intrà
alios sexaginta dies perficiendum est : hoc beneficium nunquàm con-
jungi potest cum jure deliberandi.

§ 2.

De repudiandâ vel omittendâ hæreditate.

Sicut nudâ voluntate extraneus hæres fit, ita contrariâ destinatione
statìm ab hæreditate repellitur. Recusare igitur hæreditatem non tan-
tùm verbis, sed etiam re et alio quovis voluntatis indicio potest. Per
expressam voluntatis declarationem fit *repudiatio* successionis; quùm
per longum intervallum jure suo hæres non utitur, revenit *omissio*
hæreditatis.

Is qui hæres institutus est, vel cui legitima hæreditas delata est,
repudiatione vel omissione hæreditatis jura amittit, et, ubi noluit,
jàm cœpit ad alios pertinere bonorum possessio.

Qui possunt adire hæreditatem, ii quoque possunt repudiare aut
omittere. Sed sive is, cui abstinendi potestas est, immiscuerit se bonis

hæreditatis, sive extraneus, cui de adeundâ hæreditate deliberare licet, adierit, posteà relinquendæ hæreditatis facultatem non habet, nisi minor sit vigenti quinque annis.

Eadem facultas aufertur hæredi qui ex hæreditate aliquid amoverit ipse, vel amovendum curaverit. Hæc decisio pertinet ad eum qui antè quid amovit, deindè abstinet. Cæterùm si antè abstinet, deindè amovit, furti actione tenetnr.

Repudiatio non minùs ac aditio irrevocabilis est, etsi quidem per dolum persuasa fuisset. Pupilli tamen repudiatio sine tutore auctore facta nihil ei nocet.

Hæres repudians nunquàm fuisse hæres censetur. Hujus partes invito quidem adcrescunt ei qui semel ex parte aliquâ extiterit hæres.

Jus creditoribus concessum actuum annulationem persequendi in fraudem suam factorum ad repudiationem non extenditur. Non suum proprium enim diminuere, qui repudiavit hæreditatem quam noluit acquirere, videtur.

Facultas successionis adeundæ vel repudiandæ prescriptione longi temporis non submoveri potest.

DROIT ADMINISTRATIF.

DES PRINCIPES GÉNÉRAUX DU REJET DES REQUÊTES.

Le conseil d'État exerce à la fois des fonctions consultatives et des fonctions judiciaires. En conséquence il est, d'une part, appelé à délibérer et à donner son avis sur les projets de loi et sur les règlements généraux d'administration publique; d'autre part, il est appelé à donner sur les matières contentieuses qui lui sont soumises, des décisions qui, revêtues de la forme d'ordonnances, ont l'effet de véritables jugements.

Le mode de procéder devant le conseil d'État a été déterminé par le règlement du 22 juillet 1806, dont les dispositions sont tirées de l'ancien règlement du conseil de 1738, rédigé par d'Aguesseau.

Le recours au conseil d'État par voie contentieuse doit être, dans les trois mois du jour où la décision que l'on attaque a été notifiée, formé par une requête signée d'un avocat aux conseils. Elle doit contenir l'exposé sommaire des faits et moyens, les conclusions, les noms et demeures des parties, l'énonciation des pièces dont on entend se servir et qui doivent y être jointes. Le garde des sceaux désigne un maître des requêtes, qui est chargé d'examiner s'il y a lieu de rejeter la requête ou d'en ordonner la communication à la partie adverse.

Il y a lieu à prononcer immédiatement le rejet d'une requête :

1° Si elle ne contient pas les énonciations essentielles dont nous venons de parler, si elle n'est pas accompagnée des pièces nécessaires à l'instruction de la cause, et si elle n'est pas signée par un avocat aux conseils ;

2° Si le pourvoi a été introduit plus de trois mois après la date de la signification des arrêtés, décisions, décrets ou ordonnances que l'on attaque ;

3° Si la matière n'est pas contentieuse, ou rentre dans le contentieux judiciaire ;

4° Si les demandes n'ont pas été présentées, instruites et jugées en première instance ;

5° Si les mêmes moyens sont reproduits après avoir été déjà rejetés ;

6° Si le requérant n'a ni qualité ni action pour former le recours ;

7° Si le recours a pour objet une question autre que celle qui forme le sujet de la contestation ;

8° Si la décision que l'on attaque ne constitue pas un jugement ;

9° Si elle émane d'une autorité qui ne ressortit pas au conseil d'État ;

10° Si les parties ont adhéré pleinement, soit par une reconnaissance expresse, soit par une exécution volontaire, au jugement dont est appel.

FIN.

www.ingramcontent.com/pod-product-compliance
Ingram Content Group UK Ltd.
Pitfield, Milton Keynes, MK11 3LW, UK
UKHW020910140726
13695UKWH00006B/2432